AF199723

Moderne Geldschöpfung

Geld aus dem Nichts und der Zinstrick der Zentralbanken

© 2020 Thomas Herold

FSC
www.fsc.org

MIX

Papier aus ver-
antwortungsvollen
Quellen
Paper from
responsible sources

FSC® C105338

Moderne Geldschöpfung

Geld aus dem Nichts und der Zinstrick der Zentralbanken

Revision 1.10

thomasherold.com

Impressum

Umschlaggestaltung, Illustration: Thomas Herold
Lektorat: Klaus Schepers
Korrektorat: Susanne Wörz

Thomas Herold, Freiburg in Breisgau
Herstellung und Verlag: BoD - Books on Demand, Norderstedt

ISBN Paperback: 9783751917216
ASIN e-Book: B08CZN99N2

Bibliografische Information der Deutschen Nationalbibliothek:
Die Deutsche Nationalbibliothek verzeichnet diese Publikation in der Deutschen Nationalbibliografie; detaillierte bibliografische Daten sind im Internet über http://dnb.d-nb.de abrufbar.

Inhalt

Über den Autor

Thomas Herold, Jahrgang 1963, lebte bis 1997 in Freiburg im Breisgau. Er studierte Elektrotechnik mit Schwerpunkt EDV, und gründete mit 21 seine erste Firma im Bereich Softwareentwicklung.

Seine Liebe galt allerdings schon in frühen Jahren der Metaphysik, und seine Reisen durch Indien prägten seinen weiteren Werdegang. Mit seiner nächsten Firma widmete er sich der Astrologie und erstellte eines der meist verkauften Programmpakete Astro Star im Europäischen Raum.

Danach hat er sich für 20 Jahre in den USA (Hawaii & Kalifornien) angesiedelt, und veröffentlichte über 35 Bücher für den Finanzmarkt. Durch die Finanzkrise in 2008 hat er tiefe Einblicke in das Finanzgeschehen erhalten, und seinen ersten Bestseller 'Money Deception' geschrieben.

Es folgte ein Finanzlexikon Serie mit 16 Titeln, die über 1000 der wichtigsten Begriffe aus dem Finanzwesen ausführlich beschreiben. Sein zuletzt publiziertes Buch 'High Credit Score Secrets' zeigt die Strategien für das Erreichen einer optimalen Kreditwürdigkeit auf.

Seit 2016 ist er wieder in Freiburg in Breisgau und schreibt metaphysische Kurzgeschichten. „Einsteins wichtigste Erkenntnis" ist seine erste Kurzgeschichte aus der Welt der Metaphysik.

Thomas Herold ist nicht nur Autor, sondern auch begeisterter Tangotänzer. Er ist Mitglied im Citizen Circle, einer Community für ortsunabhängiges Arbeiten, kreative Selbstständigkeit und persönliche Weiterentwicklung.

Weitere Informationen zum Autor und seinen Büchern gibt es unter: thomasherold.com oder auf amazon.de.

„Wer glaubt, dass Geld Wohlstand erschafft, der glaubt auch, dass eine Uhr die Zeit hervorbringt." – Alan Watts (Religionsphilosoph und Autor)

Fragen Sie sich gelegentlich auch warum alles ständig teurer wird? Warum Wohnraum in den letzten Jahren unbezahlbar geworden ist, und weshalb Ihr Geld auf der Bank täglich weniger wird? Oder haben Sie schon den Kopf in den Sand gesteckt und sich damit abgefunden?

Sie erinnern sich sicherlich noch an die D-Mark...

Hatten Sie nicht auch das Gefühl, dass die ehemalige D-Mark mehr Kaufkraft hatte als der Euro? Ich spreche hier ganz bewusst von Gefühl und nicht von Fakten, da die offizielle Inflationsrate[1] (Veränderung des Verbraucherpreisindex gegenüber dem Vorjahr) nach Einführung des Euro in 2002 lediglich leicht anstieg.

Wenn Sie allerdings in der Statistik die Prozentzahlen von 1992 bis 2019 zusammenzählen, dann erhalten Sie knapp 50 %. Falls Sie also in diesem Zeitraum keine Lohnerhöhung von 50 % bekommen haben, dann ist Ihr Geld nun nur noch halb so viel Wert!

Die aufgedruckte Zahl auf Ihrem Geldschein würde immer noch die gleiche sein, aber Sie könnten nur noch ein halbes Auto oder ein halbes Sofa kaufen.

Warum das so ist, wie moderne Geldschöpfung funktioniert, und weshalb wir vor der größten Revolution in der Geschichte des Geldes stehen, erfahren Sie in diesem Artikel.

Der Parasit Geldschwund

V or etwa 35 Jahren war ich bei Siemens angestellt und arbeitete 38,5 Stunden pro Woche. Meine Arbeit bestand in der Qualitätssicherung von elektronischen Baugruppen. Die Messgeräte – viele von HP – waren damals das beste, das man bekommen konnte. Sie waren schwer und teuer. Man konnte sie gerade noch allein von einem Arbeitsplatz zum anderen befördern, und ein Messplatz kostete über eine halbe Million D-Mark.

Ich verdiente damals ungefähr 1600 D-Mark und habe dank meiner Verbesserungsvorschläge zu Arbeitsabläufen oft noch 100-200 D-Mark extra bekommen. Ein Bier im Biergarten kostete 2 D-Mark, und meine 3-Zimmer-Wohnung 380 D-Mark warm. Ich besaß einen alten VW Käfer, ein Motorrad und beim Einkaufen habe ich nie auf die Preise geschaut. Jeden Monat hatte ich mindestens 400-500 D-Mark übrig und kaufte davon Hi-Fi Komponenten und Surfbretter. Wohnungen und Arbeit gab es an jeder Ecke.

Der Gedanke von Mangel ist mir nie in den Sinn gekommen!

Das erste Erwachen kam nach der Währungsreform, als die D-Mark gegen den Euro im Verhältnis von ungefähr 2:1 umgetauscht wurde, das Bier kurz danach aber plötzlich bereits zwei Euro kostete. Die Regierung rechtfertigte sich standhaft mit der Aussage, alles würde gerecht zugehen. Im Sommer 2019 kostete ein Bier im Freiburger Biergarten €4,50. Da ich mittlerweile selbstständig bin, kann ich den Verdienst bei Siemens nicht mehr mit heute vergleichen – es sind wohl um die €1600.

Die gleiche Dreizimmerwohnung kostet nun etwa €1500; Essen und Verpflegung noch mal €400. Das eigene Auto schlägt mit etwa €400 pro Monat zu Buche, und vom anderen Kleinkram, der jeden Monat noch dazu kommt, möchte ich gar nicht erst sprechen.

Merken sie etwas? Die Rechnung geht schon lange nicht mehr auf!

Was kommt Ihnen spontan in den Sinn, wenn Sie an Geld denken?

Ich erinnere mich an eine Übung, die ich mit Studenten eines ‚Avatar-Seminars' vor etwa 20 Jahren gemacht habe. Avatar[2] ist ein Selbstentfaltungskurs – eines der nachhaltigsten Trainings zur Persönlichkeitsentwicklung. Es ging darum, so viele subjektive Überzeugungen zum Thema Geld zu finden wie möglich. Nach etwa einer Stunde hatten wir fünf randvolle DIN-A4-Seiten – etwa 120 Aussagen zum Geld.

Was die Sache interessant macht: Monate später ließ ich in anderen Seminaren noch weitere Themen bearbeiten, darunter Beziehungen, Arbeit und Kreativität. Keine Liste war nur annähernd so lang wie die Geldliste!

Wenn wir ein gewisses Lebensalter erreicht haben, werden wir alle ‚Mitspieler' im Geldsystem. Wir akzeptieren die Regeln, Vorschriften und Abläufe und spielen mit, als wäre alles in Stein gemeißelt und keinerlei Änderung möglich. Das Geldsystem ist eine riesengroße Sammlung von Überzeugungen, die wir uns ausgedacht haben und mit ungeheurem Energieaufwand als wahr bestätigen. In jedem Moment, in dem Sie etwas bezahlen, machen Sie das System wahr.

Hier sind drei der wichtigsten Regeln, Vorschriften und Strukturen des ‚Geldspiels', die wir allgemein als wahr anerkennen und akzeptieren.

- Der Geldvorrat ist begrenzt
- Geld muss verdient werden
- Alles kostet Geld

Bei manchen von Ihnen regt sich sicherlich schon innerer Widerstand gegen die Wortkombination Geldspiel. Keine einzige dieser Regeln und Ansichten, und davon abgeleitete Vorschriften und Überzeugungen sind wahr. Alle sind erfunden wie Spielregeln. Robert Scheinfeld schreibt in seinem Buch ‚Raus aus dem Geldspiel‘[3], dass man das Geldspiel niemals gewinnen kann, da es keine klare Definition gibt, wann man gewonnen hat.

Vielleicht wenn man komfortabel davon Leben kann? Oder wenn man Millionär ist? Wann ist mein Geld sicher? Ist es jemals sicher? Was passiert, wenn ich keinen Job mehr finde? Es wird immer Menschen geben, die mehr haben als man selbst. Werde ich jemals zufrieden mit meinem Lebensstandard sein? Selbst wenn man glaubt, dass man genug hat bleibt die unterschwellige Unzufriedenheit.

Eine kurze Geschichte des Geldes

W enn Menschen außerhalb ihres Stammes oder Dorfes handelten, brauchten sie etwas, dem jeder zustimmte. Im alten Rom war es Salz. Die Azteken verwendeten Kakaobohnen, Muscheln in Afrika und China. Es wurde auch Getreide, Metall, Elfenbein, seltene Steine, Leder, und sogar Fisch verwendet. Eine Form von ‚Währung‘ ist relativ knapp, leicht erkennbar, und kann in kleinere Einheiten geteilt werden. Sie können eine Einheit durch eine andere mit gleichem Wert ersetzen. Und Sie können es ohne allzu große Probleme herumtragen.

Wenn es die folgenden fünf Merkmale hatte, benutzte es wahrscheinlich jemand als Währung:

- Knappheit
- Haltbarkeit
- Teilbarkeit
- Transportfähigkeit
- Allgemeine Akzeptanz

Welchen Wert hatten diese Währungen? Wenn Sie in eine Grundschule gehen, werden Sie sehen, wie Kinder Gummibänder, Fußballkarten sowie Süßigkeiten und Bonbons tauschen. Menschen erfinden eine Währung, wenn sie keine andere Währung haben.

Vor etwa 2.500 Jahren wurden die ersten Metallmünzen in China und in der heutigen Türkei geprägt. Diese Münzen hatten die gleichen fünf Eigenschaften wie das Warengeld, waren aber zusätzlich auch sehr langlebig. In einigen Fällen sind Münzen das einzige, was von ganzen Zivilisationen übrig bleibt.

Münzen waren eine objektive und universelle Rechnungseinheit und ermöglichten es den Menschen, Waren in weiten Regionen zu kaufen und zu verkaufen. Münzen funktionierten aber nur, wenn die Leute darauf vertrauten, dass der König oder Kaiser, der sie ausgab, den Metallgehalt richtig bestimmt hatte.

Der Untergang des Römischen Reiches

E rinnern Sie sich, was Sie in der Schule über das Römische Reich gelernt haben? Wahrscheinlich nichts über das damalige Währungssystem und wie es zusammenbrach.

Der Denar begann als 4,5-Gramm-Silbermünze und war unter der römischen Republik jahrhundertelang unverändert geblieben. Nachdem Rom ein Reich geworden war, wurde es für den Denar und im weiteren Sinne für die römische Wirtschaft ungemütlich:

Unedle Metalle wie Kupfer wurden mit dem Silber vermischt, und obwohl die Münze selbst das gleiche Gewicht hatte, wurde die Menge an Silber mit jedem nachfolgenden Kaiser immer geringer.

Während des ersten Jahrhunderts enthielt der Denar über 90 % Silber, aber bis zum Ende des zweiten Jahrhunderts war der Silbergehalt auf weniger als 70 % gefallen. Ein Jahrhundert später war weniger als 5 % Silber in der Münze und um 350 n. Chr. war sie dann sogar wertlos.

Das wirtschaftliche Chaos, das die Hyperinflation des Denars in der römischen Gesellschaft verursachte, war verheerend. Die Bevölkerung Roms erreichte im ersten Jahrhundert v. Chr. einen Höchststand von etwa eine Million Einwohnern.

Bis zum fünften Jahrhundert blieben nur etwa 50.000 Menschen übrig. Eine Hauptursache dafür waren die massiven Kriegskosten, die immer mehr Geld beanspruchten. Geld, das nicht vorhanden war, und deshalb durch exorbitante Inflation erzeugt werden musste.

Wie entsteht modernes Geld?

Geld entsteht in dem Moment, in dem es ausgeliehen wird. Es ist der Akt des Ausleihens, der es entstehen lässt, und durch die Schuldentilgung verschwindet es wieder.

Die Geldschöpfung im 21. Jahrhundert ist mittlerweile äußerst komplex geworden, und Sie werden nur mit erheblichem Zeitaufwand und größter Anstrengung durchschauen, wie sie im Detail funktioniert. Dahinter gibt es eine Absicht, die Sie am Ende dieses Artikels verstehen werden. Wäre es einfach zu durchschauen, dann würde das Vertrauen in unser modernes Geld noch schneller als bisher schwinden, und ein globaler Aufstand gegen das bestehende Geldsystem würde sich beschleunigen.

> *„Würden die Menschen das Geldsystem verstehen, hätten wir eine Revolution noch morgen früh."* - Henry Ford

Modernes Geld entsteht – vereinfacht formuliert – durch das Erschaffen von Schulden. Als Erstes haben wir das Bargeld (Münzen und Scheine), das wir täglich benutzen. Dieses Bargeld wird größtenteils von den Zentralbanken erschaffen, und die Geschäftsbanken müssen es sich in den meisten Fällen bei der Zentralbank leihen. Bargeld ist ein verschwindend geringer Anteil am gesamten Geldvolumen.

Die Zahlen, die Sie auf Ihrem Konto sehen, werden als Giralgeld[4] bezeichnet. Es macht den mit Abstand größten Anteil der Geldmenge aus und wird ausschließlich von den Geschäftsbanken erschaffen. Dies erfolgt größtenteils durch Kreditvergabe an private Haushalte, Unternehmen, den eigenen oder an ausländische Staaten.

In der Theorie soll sich die Menge des geschöpften Geldes in etwa mit dem zu erwartenden Bruttosozialprodukt (BSP) decken. Das ist allerdings schon lange nicht mehr der Fall, und dadurch sind Geldschöpfung und Wirtschaftswachstum voneinander entkoppelt.

Wenn am Ende des Jahres alle Produkte und Dienstleistungen eines Landes genau dem Betrag entsprechen, der von der Banken ausgeliehen wurde, dann würde theoretisch alles Geld wieder zurück zu den Banken fließen und das Spiel würde wieder von vorne beginnen. Allerdings haben wir in dieser vereinfachten Rechnung zwei entscheidende Fakten vergessen:

Für die Dienstleistung – das Verleihen des Geldes – verlangt die Bank einen Prozentanteil des geliehenen Geldes, welcher als Zins bezeichnet wird. Der Zins ist somit der Preis und damit die Einkommensquelle der Bank für die Benutzung des Geldsystems!

Dieses zusätzliche Geld in Form von Zinsen existiert in unserer Rechnung nicht. Woher kommt es? Es muss als zusätzliche Dienstleistung aus dem Markt erbracht werden. Das bedeutet entweder höhere Abgaben und Steuern, höhere Preise, oder die Bezahlung von Dienstleistungen, die früher kostenlos waren. Immer mehr Lebensbereiche müssen daher monetarisiert werden, um die Zinsen jedes Jahr zurückzuzahlen.

Falls die Regierung zusätzliches Geld benötigt, welches nicht als Produkt oder Dienstleitung vorhanden ist, z.B. kostenlose Einrichtungen für Bürger wie Museen oder Parks, dann entstehen zusätzliche Schulden plus Zinsen für die Schulden. Diese extra Schulden, inklusive der Zinsen auf die Schulden, müssen wiederum durch Steuern, höhere Preise und zusätzliche Produkte und Dienstleistungen erschaffen werden. Vereinfacht ausgedrückt: Das Bruttosozialprodukt (BSP) muss steigen.

Die endlose Konsumspirale

M it zunehmender Verschuldung steigen die Zinsen von Jahr zu Jahr und müssen immerfort durch neue Produkte und Dienstleistungen in der Wirtschaft erzeugt werden. Es ist eine endlose Konsumspirale, die so lange immer neue Ressourcen verbraucht, bis theoretisch keine mehr vorhanden sind.

Zentralbanken können Ihren Zinssatz für das Verleihen von Geld nach ‚freiem Willen‘ variieren. Durch das Verändern des Zinssatzes, auch Leitzins genannt, expandiert oder kontrahiert der Geldmarkt und damit auch das Wirtschaftswachstum. Diese Form der Regulierung sollte eine stabile Wirtschaftslage gewähren. Das ist aber schon lange nicht mehr der Fall, da die Geldschöpfung und das Wirtschaftswachstum voneinander getrennt sind. Das Resultat ist eine erhöhte Inflation und bedeutet, dass Ihr Geld von Tag zu Tag weniger wert ist.

Dies ist der Grund, warum wir jetzt für Wasser in Flaschen, für Gepäck auf Flügen von Fluggesellschaften, für Girokonten, Kaffee-Nachfüllungen, Informationsanrufe, Parkplätze, Kinderbetreuung und Fernsehen bezahlen müssen. Die Wirtschaft muss immer neue, vormals kostenlose Ressourcen finden, und sie in Geld umwandeln. Die neueste Erfindung aus den USA heißt „Sharing Economy" – übersetzt so viel wie „wirtschaftlich teilen".

Teilen bedeutet in diesem Fall übrigens, dass Sie bezahlen müssen. Dienste wie Airbnb und Uber monetarisieren eine unserer letzten kostenlosen Ressourcen. Früher hatten wir Gästezimmer für Freunde, und jetzt werden diese gegen eine Gebühr über Airbnb gebucht.

Unsere Freiheit verringert sich mit jedem neuen Service, der etwas monetarisiert, das früher kostenlos war.

Das Bedürfnis nach konstantem Wachstum und Produktivität entsteht auf der Basis des Zinses!

Die Steigerung des Bruttosozialprodukts (BSP), und das damit einhergehende konstante, endlose Wachstum, scheint in unserem täglichen Leben als tief verankerte Überzeugung zu existieren. Wir alle glauben, dass stetiges Wachstum der Hauptantrieb der Wirtschaft ist. Ständiges Wachstum, wie wir es im Moment betreiben, führt jedoch zwangsläufig zu weniger Natur und damit weniger Lebensraum.

Es führt langfristig zu mehr Wettbewerb, erzeugt dadurch mehr Stress und Depressionen, und eine ständig steigende Kriminalitätsrate. Die Produktion von immer mehr 'nutzlosen' Produkten, so wie die Zunahme von giftigem Müll, zerstören unsere Natur und letztendlich damit auch unsere Nahrungsversorgung.

Es führt außerdem dazu, dass wir isoliert voneinander leben, auf uns allein gestellt sind, und dadurch auch immer mehr Angst[5] haben. Es ist die Ursache für immer neue Gesetze und Vorschriften, die uns Stück für Stück unserer Freiheit berauben.

Ständiges Wachstum ist eine Erfindung des Menschen! Nur Krebszellen vermehren sich ähnlich.

Der Zinsfaktor führt außerdem zu einer immer größeren Ungleichheit des Wohlstands, und erschafft daher eine immer größere Kluft zwischen Arm und Reich. Am Anfang eines neuen Geldsystems ist dies schwer zu erkennen, aber je länger das System läuft, desto offensichtlicher wird es. Ich habe das selbst miterlebt, als ich noch in den USA gewohnt habe.

Als die USA ihre Niedrigzinspolitik ab dem Jahr 2000 eingeleitet hatte, dauerte es gerade mal 20 Jahre bis die komplette Mittelklasse der Arbeiter ausgelöscht und in die Unterschicht (Armut) gefallen ist.

Die Geschichte zeigt, dass am Ende jedes Geldsystems entweder die Währung zusammenbricht, oder es zu einer Revolution kommt.

Durch eine andauernde Inflation wird Ihr Geld von Jahr zu Jahr immer weniger wert!

Die ersten Zeichen eines Finanzkollapses haben wir bereits im Jahr 2008 erlebt. Ich wohnte zu der Zeit ca. 40 km nördlich von San Francisco, in einer kleinen Stadt mit etwa 50.000 Einwohnern. Ich erinnere mich noch an den Tag, als meine damalige Bank Washington Mutual mit damals 5.400 Filialen bankrott gegangen ist und von Chase übernommen wurde. Es war die größte Pleite einer Bank in der Geschichte der USA.

Noch kurz davor hatte der Vorsitzende der Federal Reserve Bank Ben Bernanke gesagt, dass die Immobilienpreise zwar hoch seien, aber man nicht von einer Blase sprechen könnte. Meine damalige Frau hatte – wie eine Million andere Amerikaner – ihr Haus verloren und an die Bank abtreten müssen.

Was viele vielleicht nicht wissen: Die USA stand damals drei Stunden vor dem Staatsbankrott. Nur durch die massive Manipulation des Geldsystems (sprich Inflation) mit über drei Trillionen Dollar war der Zusammenbruch erst mal aufgeschoben. Mit dem neuen Geld wurden über 500 Firmen – auch Firmen außerhalb den USA – am Leben erhalten.

Kann Geld Wohlstand erschaffen?

Alan Watts[6] hat einmal in seinem Vortrag die folgende fiktive Geschichte erzählt: Ein Mann besucht regelmäßig die Baustelle von seinem neuen Haus, und vergewissert sich damit, dass alle Dinge zügig vorangehen. Dass genug Baumaterial vorhanden ist und jeder Arbeiter seiner Tätigkeit nachgeht. Schließlich soll das Haus bald fertiggestellt sein.

Eines Tages begutachtet der Mann wieder seine Baustelle – die Uhr zeigt 10:22. Zu seinem Erstaunen sitzen die Arbeiter nur gelangweilt auf dem Baumaterial. Er fragt sofort den Bauleiter: „Was ist los? Warum arbeitet niemand?". Der Bauleiter antwortet, ohne groß zu überlegen: „Wir haben keine Zentimeter mehr!"

Wenn Sie den Witz jetzt nicht gleich verstanden haben, dann geht es Ihnen wahrscheinlich genau so wie den meisten. Der Witz wird nicht gleich verstanden, weil unser Denken über Geld komplett falsch ist. Wir glauben, dass Geld Wohlstand erschafft. Wie wäre es sonst möglich, dass die meisten Finanzexperten ständig davon sprechen mehr Geld in die Wirtschaft zu stecken, um sie anzukurbeln.

Wer glaubt, dass Geld Wohlstand erschafft, der glaubt auch, dass eine Uhr die Zeit hervorbringt – was uns zurück zur Geschichte bringt. Alles was man wirklich braucht um Wohlstand zu erschaffen – in unserem Beispiel ein Haus – sind Material, Kreativität und Menschen. Falls es jetzt noch nicht ,geklickt' hat, dann stellen Sie sich einfach vor, dass das Haus auf einer einsamen Insel gebaut wird. Auf der Insel gibt es kein Geld, aber Material, Kreativität und Menschen.

Die Frage woher Geld kommt, ist gleichzustellen mit der Frage, wo ein ‚Zentimeter‘ oder der ‚Liter‘ herkommt. Wir brauchen Geld, weil wir glauben, dass wir Geld brauchen. Eine Uhr ist ein Messinstrument für den Verlauf von Änderungen – sie erzeugt nicht die Zeit. Die Sonne geht nicht auf, weil es 6 Uhr in der Früh ist. Geld kann und hat nie Wohlstand erzeugt! Im Gegenteil – je mehr wir glauben, dass Geld Wohlstand erschafft, desto ärmer werden wir.

> *„Gebt mir die Kontrolle über die Währung einer Nation, dann ist es für mich gleichgültig, wer die Gesetze macht.“*– Meyer Amschel Rothschild (Kaufmann und Bankier)

Es ist das Ergebnis der zugrunde liegenden mathematischen Wirtschaftsformel, der Basis unseres Weltfinanzsystems. Alles Geld, das in Umlauf kommt, basiert auf Schulden. Regierungen leihen Geld von den Banken, hinterlegen es bei Zentralbanken, verleihen es dann an andere Banken, erschaffen damit neue Kredite, erzeugen dabei neues Geld, und verleihen es dann an Unternehmen und ganz zuletzt an Einzelpersonen wie Sie und mich.

Aus der Geschichte wissen wir bereits, dass dieses Vorgehen fast immer mit einer Revolution oder einem völligen Zusammenbruch des Wirtschaftssystems endet.

Genau an diesem Punkt sind wir gerade wieder, und der Finanzcrash 2008 war bereits ein Indikator für diese Endphase. Wenn die Banken zusätzliches Geld drucken, ohne das mehr Waren und Dienstleistungen zur Verfügung stehen, dann wird das gesamte Geld auf dem aktuellen Markt abgewertet.

Es bedeutet, dass Sie plötzlich weniger kaufen können, selbst wenn der Euroschein in Ihrer Hand denselben Wert zeigt. Dieser Prozess wird Inflation genannt, und ist das Hauptinstrument der Banken, um Geld aus dem Nichts zu verdienen. Es ist außerdem die wirksamste und auch hinterlistigste Art Ihr Geld zu entwerten, und nichts anderes als Betrug.

Diesem globalen Geldsystem ist nur sehr schwer zu entkommen. Auf der materiellen Ebene ist es fast unmöglich. Wie viele von uns können im Wald mit einem Zelt völlig autark überleben? Selbst wenn es möglich wäre – wer will das?

Die einzige Lösung ist der geistige Ausstieg, indem man versteht, dass es ein kollektives ‚Spiel' ist. Nur auf der geistigen Ebene haben Sie die Möglichkeit aus der Geldachterbahn auszusteigen. Durch das Ändern Ihrer Einstellung und Überzeugung zum Geldspiel erschaffen Sie sich eine neue Wirklichkeit, denn alle Überzeugungen erschaffen immer irgendeine Form von Realität.

Eine freie Wirtschaft hat eine natürliche Deflation!

Die Definition von Deflation bedeutet die Senkung der Kosten für Waren und Dienstleistungen. Eine Deflation tritt auf, wenn die jährliche Inflationsrate auf unter null Prozent fällt und dadurch eine negative Inflationsrate entsteht. Das Ergebnis der Deflation ist ein Kaufkraftgewinn Ihres Geldes. Dies bedeutet, dass dieselbe Menge an Geld eine höhere Anzahl Waren und Dienstleistungen kauft. Jetzt denken Sie vielleicht daran, dass wir bereits einen negativen Zins haben.

Das ist richtig, gilt aber nur für die Banken und nicht für den normalen Bürger. Wenn Sie einen Kredit bei der Bank beantragen, zahlen Sie immer noch einen positiven Zins.

In einer Gesellschaft, die nicht von Zentralbanken reguliert wird, kontrolliert der freie Markt seine Preise automatisch abhängig von der Nachfrage. Ohne Zentralbanken und Zinsen sinken die Kosten für alle Waren und Dienstleistungen mit jedem Jahr. Der Wohlstand jeder Person nimmt zu.

Ohne die Manipulation der Zentralbanken steigt der Überfluss in einer Gesellschaft ständig!

Nehmen wir an, Sie leben in einem Dorf und es zirkulieren 100 Euro in Geldscheinen für 100 zur Verfügung stehende Äpfel. Ein Apfel würde dann – angenommen wir haben ein freies Marktsystem – einen Euro kosten. Im Laufe der Jahre werden Maschinen entwickelt, um die Ernte, den Transport und die Verpackung der Äpfel zu erleichtern. Die Produktivität steigt dadurch, und der Preis für Äpfel sinkt, weil weniger Arbeit erforderlich ist. Aufgrund ausgefeilterer landwirtschaftlicher Methoden kann die Ernte auch mehr Äpfel erbringen.

Irgendwann zahlen Sie möglicherweise nur 50 Cent für einen Apfel, und Sie haben Geld für andere Dinge übrig. Natürlich gibt es hier eine natürliche Grenze, besonders wenn wir über die Lebensmittelproduktion sprechen. Aber denken Sie an Elektronik, Maschinen und Computer, die fast vollständig ohne die Hilfe von Arbeitskräften hergestellt werden können. Die Produktionskosten fallen auf fast Null, und daher kosten die Geräte fast nichts mehr.

Deflation erhöht den realen Wert (Kaufkraft) Ihres Geldes!

In einer Marktwirtschaft mit Deflation wird Ihr Geld zunehmend mehr wert, und somit können Sie mehr Waren und Dienstleistungen kaufen. Ihr Vermögen steigt und Sie müssen möglicherweise auch weniger arbeiten, um Ihre Rechnungen zu bezahlen. Ohne das Eingreifen von Banken und Regierungen hat eine freie, gesunde Wirtschaft eine anhaltende Deflation.

Der Unterschied zwischen Geld und Währung

Geld gab es früher meist in Form von Silber und Goldmünzen und es hatte einen intrinsischen Wert. Aristoteles beschäftigte sich lange mit der Idee des Geldes. Im Mittelpunkt der Idee rund um Geld steht der Zweck, den universellen Wert hin und her zu tauschen, selbst wenn beide Personen zu diesem Zeitpunkt nicht mit ihren gewünschten Waren und Dienstleistungen übereinstimmen. Aristoteles hat vier Merkmale dieses universellen Wertes (den wir Geld nennen) entwickelt.

Langlebig – das Tauschmittel darf nicht verwittern, auseinanderfallen oder unbrauchbar werden. Es muss über einen langen Zeitraum bestehen können.

Tragbar – im Verhältnis zu seiner Größe muss es leicht beweglich sein und im Verhältnis zu seiner Größe einen hohen universellen Wert haben.

Teilbar – das Tauschmittel sollte relativ einfach zu trennen und wieder zusammenzusetzen sein, ohne seine grundlegenden Eigenschaften zu beeinträchtigen.

Eigenwert – das Tauschmittel sollte einen intrinsischen Wert haben, völlig unabhängig von jedem anderen Objekt sein, und es muss selten sein.

Daraus entstand später eine vereinfachte Form. Was als Geld deklariert wird, muss drei der folgenden Eigenschaften besitzen.

- Wertspeicher
- Rechnungseinheit
- Tauschmittel

Eine Währung wird im Englischen als ‚Currency' bezeichnet, was übersetzt so viel heißt wie „fließen" und auch als Strom bezeichnet wird. Ein Strom muss fließen, sonst hört er auf zu existieren. Eine Währung existiert daher nur, wenn sie fließt. In dem Moment, in dem sie gespeichert wird, hört ihr Nutzen auf, da sie nicht länger zum Austausch von Waren und Dienstleistungen zur Verfügung steht.

Eine Währung ist ein Medium, mit dem Sie den Wert von einem Produkt oder einer Dienstleitung auf ein anderes übertragen können. Eine solche Währung, welche keinerlei intrinsischen Wert wie z.B. Gold hat, wird im Finanzwesen auch als Fiat-Währung klassifiziert. Eine Fiat-Währung ist eine willkürliche Verordnung, oder eine Erklärung, die von einer Person, Gruppe oder Regierung mit der absoluten Befugnis zur Durchsetzung erlassen wird.

Der Nixon Schock

In einer Fernsehansprache beendete US-Präsident Nixon am 15. August 1971 mit einem Satz die geltende Geldordnung: „Ich habe Finanzminister John Connally angewiesen, die Konvertibilität des Dollar in Gold vorübergehend auszusetzen." Dieser Tag ging als Nixon Schock[7] in die Geschichtsbücher ein, da vorübergehend in diesem Fall für immer bedeutete.

Zum ersten Mal in der Geschichte waren alle wichtigen Währungen der Welt von der Golddeckung befreit. Es folgte eine dramatische Abwertung[8] (Inflation) des Dollars und allen anderen Währungen, die an den Dollar als Leitwährung gekoppelt waren.

Alle heute verwendeten Währungen sind Fiat-Währungen!

Fiat-Währungen fließen von Zentralbanken zu Großbanken, anschließend zu kleineren Banken, und letztendlich zum Verbraucher. Großbanken, sowie die meisten anderen Banken sind aber auch Investitions-Institute, welche erst mal die Gelder an große Korporationen, Aktiengesellschaften, Holdings und Großfirmen verteilen. Was vom Geld noch übrig bleibt bekommen die Klein-Banken, welche sie an kleinere Unternehmen und wohlhabende Privatkunden vergeben. Das hat zur Folge, dass Geld immer erst dahin fließt, wo vorher schon viel Geld war.

Deswegen können Sie beobachten, dass trotz einer Konjunkturflaute – es wird weniger erwirtschaftet – , Anlagewerte wie Aktien und Immobilien, Sammlerwerte wie Kunstwerke, Schmuck und Oldtimer immer weiter im Wert steigen.

*Das Resultat einer Fiat-Währung ist immer ein künstlich erschaffenes Un-
gleichgewicht zwischen Arm und Reich, und eine gigantische Finanzblase
von Anlagewerten, Sachwerten und Sammlerwerten.*

Das Lebenselixier der Banken ist die Inflation

Stellen Sie sich vor, Sie gehen auf den Wochenmarkt und kaufen
Gemüse. Heute ist das Gemüse bereits praktisch in Portionen auf-
geteilt und Sie brauchen keine Waage mehr. Aber Sie erinnern sich
sicherlich noch daran, dass es früher mit einer simplen Waage abgewogen
wurde. Auf die eine Seite der Waage legte man das Gemüse, und auf die
andere Seite stellte man kleine Gewichte.

Bei dieser Aktion verlassen Sie sich doch darauf, dass die Gewichte auch
das wiegen, was auf ihnen eingestempelt ist! Nun stellen Sie sich vor, dass
sich die Gewichte von Woche zu Woche ändern. Auf dem 500-Gramm
Gewicht steht immer noch 500 Gramm, aber es wiegt plötzlich nur noch
400 Gramm! Das bedeutet, dass Sie für das gleiche Geld jetzt weniger
Ware bekommen.

Genau so verhält es sich mit unserem Geld. Was glauben Sie was passieren
würde, wenn an die Öffentlichkeit käme, dass ein Händler die Gewichte
manipuliert – um einen höheren Gewinn zu erzielen? Würden Sie noch
bei diesem Händler einkaufen? Sicherlich nicht! Aber genau das tun wir
täglich, wenn wir mit unserem Geld Waren einkaufen, Rechnungen bezahlen oder Geld ausbezahlt bekommen.

Durch ungehemmtes Gelddrucken der Zentralbank in Zimbabwe folgte in den Jahren 2007 bis 2009 eine Hyperinflation, die in der Spitze die unglaubliche Inflationsrate von 90 Trilliarden Prozent erreichte.

Zitat aus dem Monatsbericht der Deutsche Bundesbank[9] vom Juni 2018: „Einer der wesentlichen Gründe hierfür besteht darin einen gewissen Sicherheitsabstand zur Deflation zu schaffen. Auch der EZB-Rat strebt eine Inflationsrate im Euroraum an, die auf mittlere Sicht unter, aber nahe 2 Prozent liegt".

Zwei Prozent Inflation hört sich nicht nach viel an, führt allerdings in 35 Jahren zu einer Preisverdopplung!

Der Zins, und nicht die Kredite sind das Hauptgeschäft der Banken. Vereinfacht formuliert erzeugen Kredite neues Geld, das es vorher nicht gab. Das Hauptgeschäft der Banken ist der Verdienst durch Zinsrückzahlungen von Krediten. Banken sind nicht an der Abzahlung der Kredite interessiert, da sie sonst nicht mehr an den Zinsen verdienen.

Deshalb werden Kredite von Regierungen und großen Konzernen nie zurückbezahlt, sondern weiter aufgeschoben, in neue Kredite umgewandelt, order erhöht. Im Klartext bedeutet das – die Banken erzeugen den Verlust an Kaufkraft durch die Entwertung des Geldes und erwirtschaften damit Ihren Gewinn!

Die Erzeugung von Geld ist zugleich eine Erzeugung von Schuld, Ihre Rückzahlung daher stets eine Geldvernichtung!

Das Monopoly Spiel – Ursprünglich ein Lehrmittel?

Haben Sie als Kind auch Monopoly gespielt? Über eine Milliarde Menschen standen bereits mit Ihrer Spielfigur auf dem Feld ‚Los‘. Es ist mittlerweile in 114 Ländern und in 47 verschiedenen Sprachen erhältlich. Berichten[10] zufolge hat die Amerikanerin Elizabeth Magie das Spiel 1903 als Protest gegen das ‚Goldene Zeitalter des Geldes‘ erfunden.

Die ‚Carnegies‘, die ‚Rockefellers‘, die ‚Vanderbilts‘, und die ‚Morgans‘ hatten damals viel Wohlstand erschaffen, der sich allerdings auf wenige Menschen konzentrierte. Ihr Brettspiel sollte als Lehrmittel dienen, um über das Übel des Monopols zu unterrichten.

Der ursprüngliche Titel hieß: Das Vermieter-Spiel[11], und Elizabeth Magie schrieb in den Regeln detailliert über Monopole und Antimonopole. Es dauerte aber nicht lange, bis die Leute anfingen es das Monopolspiel zu nennen. Es verlor darauf seine Verbindung zur ursprünglichen Idee und Kritik an der amerikanischen Gier. Das Resultat war das Gegenteil von dem, was sie gehofft hatte: Es hat Generationen gelehrt, zu jubeln, wenn jemand in Konkurs geht.

In den Spielregeln[12] sind ein paar interessante Regeln aufgeführt, die Sie jetzt vielleicht in einem anderen Licht sehen.

- Das Spiel endet erst dann, wenn alle Spieler bis auf einen bankrott sind.
- Die Bank geht niemals bankrott. Der Bankhalter kann zusätzliches Geld herstellen, indem er die Werte auf kleine Zettel schreibt.

Raten Sie mal wer in dem Spiel das ultimative Monopol hat?

Wohlstand durch Deflation – Ist das möglich?

A lle Versuche das Bankensystem auf der materiellen Ebene zu verändern oder zu verbessern sind bis jetzt gescheitert, und werden auch in Zukunft scheitern, da es nur auf der gleichen Ebene gelöst werden kann, auf der es entstand. Nur durch den Blick auf die geistige Ebene – auf der die Idee ursprünglich entstanden ist – ist auch eine neue Idee oder ein neues Konzept möglich.

Wenn man vom Mittelalter spricht, welche die Zeitspanne zwischen dem 6. und 15. Jahrhundert charakterisiert, dann assoziieren die meisten Menschen damit als Erstes die Pest. Was aber nur wenige wissen ist, dass es innerhalb dieser Zeitspanne – eine Periode zwischen 1150 und 1450 – ein „Goldenes Zeitalter" gab.

In dieser Zeitepoche erlangte die Bevölkerung Wohlstand durch Arbeit, nicht durch die Wirkung müheloser Zinssätze. Bis zu 150 Tage im Jahr waren arbeitsfreie Tage, und Handwerker arbeiteten in der Woche nur vier Tage! In diesen 300 Jahren gab es keine wirtschaftlichen Abschwünge oder Wirtschaftskrisen.

Wenn die Menschen mehr Geld hatten als sie verwenden konnten, dann verliehen sie es gerne auch ohne Zinsen, da die Münzen über Zeit an Wert verloren. Heute wird diese Funktionsweise als Negativzins bezeichnet.

Ein anderes Beispiel ist der in Österreich gelegene Ort Wörgl[13], welcher in mitten in der weltweiten Rezession von 1930 fast wie durch ein Wunder einen Weg aus der wirtschaftlichen Misere fand. Wie so viele Gemeinden stand Wörgl vor dem Bankrott.

Politiker wussten keinen Ausweg mehr aus der Krise. Sparen lautete das Rezept, welches die Krise aber noch vertiefte. Hoffnungslosigkeit machte sich breit. Die Menschen wollten ihr Geld unbedingt zusammenhalten.

Der damalige Bürgermeister brachte eine eigene Währung heraus, die mit der Zeit an Wert verlor. Es wurde ein Bauprogramm aufgelegt, und die Angestellten wurden mit dem neuen, regionalen Zahlungsmittel bezahlt. Mit den neuen ‚Freigeldscheinen‘ konnte man in den Läden innerhalb von Wörgl einkaufen.

Die Scheine verloren jeden Monat ein Prozent an Wert. Wer das Geld am Monatsende also noch nicht ausgegeben hatte, machte einen Verlust. Durch diesen Trick nahm die Geschwindigkeit aller Transaktionen stark zu, da niemand über längere Zeit das Geld behalten wollte.

Vom Erfolg dieses Experiments begeistert, hatten andere Gemeinden ebenfalls sogenanntes ‚Schwundgeld‘ eingeführt. Aber leider ging dies nicht lange gut, da die österreichische Zentralbank das Wörgler Geld verbot. So kehrten bald Arbeitslosigkeit und Armut nach Wörgl zurück. Das Experiment und die Idee von einem Geld, das sich nicht zum Spekulieren eignet und allein dem Verbraucher dient, war gescheitert.

Wie sieht die Zukunft des Geldes aus?

Haben Sie schon einmal von Bitcoin gehört? Wenn ja, dann wahrscheinlich im Zusammenhang mit dubiosen Spekulationen. Die ursprüngliche Idee von Bitcoin bestand darin, mittels ‚Blockchain' eine dezentrale Währung zu schaffen, die frei vom Einfluss der Banken und Regierungen ist.

Bitcoin war das erste digitale Geld, das auf der Basis des Blockchain entwickelt wurde. Anfang 2020 gab es bereits über 3000 verschiedene Währungen, deren Grundlage das Blockchain-Verfahren ist.

Die digitale Geld-Revolution steht schon vor der Tür

Menschen haben im Verlauf der Geschichte immer wieder nach sicheren Mitteln und Wegen gesucht, um Geschäfte abzuschließen. Die wichtigste Währung war dabei stets das Vertrauen. Vertrauen an das gesprochene Wort, den Wert des Geldes, in die Qualität der Ware, die Sicherheit des Bankensystems, und in staatliche Organe. Aber der globale Handel wird immer umfangreicher und unübersichtlicher. Es gibt oft keinen persönlichen Kontakt mehr, außerdem haben Wirtschaftskrisen und Bankencrashs das Vertrauen in zentrale Systeme untergraben.

Regierungen wollen schon lange das Bargeld abschaffen, weil es nur schwer zu kontrollieren ist. Deswegen gibt es z.B. Beschränkungen hinsichtlich der Bargeldausfuhr in andere Länder. Auch der anonyme Goldankauf mit Bargeld war bereits bis Ende 2019 auf €10.000 begrenzt, und ist nun sogar auf €2000 gesenkt worden.

Für Banken ist Bargeld sowieso ein Verlustgeschäft, da es mit erheblichem Aufwand verbunden ist, Papier und Münzgeld zu erzeugen, zu verwalten und Geldautomaten für den Endkunden aufzustellen.

Die Blockchain Technologie basiert auf einem mathematischem Algorithmus, und ist im Grunde ein dezentrales Protokoll für Transaktionen zwischen Parteien, das jede Veränderung transparent erfasst. Sie ermöglicht einen grenzenlosen Austausch von Informationen, Werten und Gütern, ohne dabei auf dazwischen befindlichen Institutionen wie Konzerne, Banken oder Regierungen zurückgreifen zu müssen.

Die Kombination aus Dezentralität, Irreversibilität und Transparenz erschafft theoretisch ein perfektes und betrugssicheres System. Was zuvor die Aufgabe von Regierungen, Banken oder Konzernen war, kann nun die Technologie der Blockchain übernehmen.

Die vier wichtigsten Vorteile der Blockchain-Technologie

Geschwindigkeit und Sicherheit

Alle Daten werden verschlüsselt an das gesamte Netzwerk verteilt. Dadurch lassen sich große Datenmengen in kürzester Zeit an alle Nutzer verteilen. Abgesehen davon sind die gespeicherten Daten durch die dezentrale Verteilung vor Manipulation geschützt.

Datenintegrität

Der Einsatz der Hash-Funktion[14] sorgt für ein hohes Maß an Sicherheit. Der Konsens verifiziert die Daten und schützt diese vor Manipulation.

Zuverlässigkeit des Netzwerks

Eine Blockchain ist dezentral organisiert, ein Totalausfall des gesamten Netzwerks ist daher nahezu ausgeschlossen. Jeder Netzwerk-Knoten verfügt über sämtliche Daten, sodass eine Wiederherstellung besonders einfach ist.

Transparenz

Jede Transaktion des Blockchain-Netzwerks wird gespeichert, dadurch ist eine nachträgliche Analyse immer möglich. Damit lassen sich Vertragspartner identifizieren und die Auswirkungen von Transaktionen reproduzieren.

Die Blockchain-Technologie minimiert Transaktionskosten auf fast Null. Der Kauf eines gebrauchten Fahrrads, das Versenden von Geld oder das Buchen eines Fluges lassen sich dadurch ohne Gebühren abwickeln.

Anwendungsgebiete der Blockchain Technologie

Blockchain und die damit erzeugbaren intelligenten Verträge stellen ein weiteres Anwendungsgebiet für Versicherer zur Verfügung. Damit lassen sich Verträge und Schadensabwicklung transparent regeln. Musiker, Schriftsteller und andere Künstler könnten erstellte Inhalte schneller verteilen – und sofort bezahlt werden – sobald sie genutzt werden. Private Solaranlagen lassen sich damit besser abrechnen. Die Verfolgung der Energie wird leichter, das Anlagen-Management wird erleichtert, und die Herkunftszertifikate können leichter erteilt werden.

Ein Blockchain System[15] wäre eigentlich das, was man von einem perfektem Wahlsystem erwarten würde: Es ist anonymisierbar, es kann die Vergangenheit nicht ändern und ist komplett ausfall- und manipulationssicher. Verbraucher wollen in zunehmendem Maße wissen, ob die ethisch einwandfreien Angaben, die Unternehmen zu ihren Produkten machen, auch den Tatsachen entsprechen.

Dezentrale Verzeichnisse[16] bieten eine einfache Möglichkeit zu bestätigen, dass die Informationen zu den von uns gekauften Produkte stimmen.

Um am Blockchain-System teilzunehmen, brauchen Sie nur ein Handy. Diese Voraussetzung erfüllen weltweit inzwischen mehr als vier Milliarden Menschen! Aber wie jede neue Technik entscheidet auch hier die Intention darüber, ob und wie diese Technologie zu mehr oder weniger Freiheit der Menschheit führt.

Das bedingungslose Grundeinkommen

Die Idee des Grundeinkommens[17] ist, dass alle Menschen eines Landes von der Geburt bis zum Tod jeden Monat vom Staat so viel Geld erhalten, wie sie zum Leben benötigen. Einfach so, als Grundrecht. Ohne, dass sie dafür etwas tun müssen. Ohne, dass es ihnen gestrichen werden kann.

Eine zweijährige Studie in Finnland zeigt, dass die Empfänger weniger gestresst, gesünder und zuversichtlicher sind. Allerdings war diese Studie auf 560 € im Monat beschränkt, aufgrund dessen sind die Ergebnisse nur beschränkt verwertbar.

Angetrieben von der Frage, wie wir als Gesellschaft in Zukunft leben wollen, arbeitet der Verein Mein Grundeinkommen[18] am ersten zivilgesellschaftlichen Pilotprojekt zum ‚Bedingungslosen Grundeinkommen'. Er hat seit 2014 über 577 Menschen ein Jahr lang €1000 geschenkt. Via Crowdfunding werden Spenden gesammelt und sobald 12.000 Euro zusammen gekommen sind, werden diese als Bedingungsloses Grundeinkommen mit 1.000 Euro im Monat verlost.

Ein bedingungsloses Grundeinkommen kann aber nur ein zeitbegrenzter Notbehelf für ein nicht funktionierendes Finanzsystem sein. Erinnern wir uns, dass die Kombination von Inflation durch Zins und Zentralbanken langfristig immer zu einem finanziellen Ungleichgewicht der Bevölkerung führt.

Am Ende eines solchen Systems finden Sie immer eine extreme Diskrepanz zwischen Reich und Arm.

Weltweite Wirtschaftsrettung durch Abwurf von Helikoptergeld?

Die weltweite Corona-Krise hat die Zentralbanken aller großen Wirtschaftsnationen um die Geldpresse vereint. Wie Sie mittlerweile wissen, können Zentralbanken in der Regel die Geldmenge durch den Zins festlegen. Was aber, wenn der Zins schon auf null oder sogar im negativen Bereich ist?

In diesem Fall funktioniert der Zinstrick nicht mehr und es bleibt nur die Geldpresse als letzte Instanz, um die Wirtschaft vor einer Deflation zu bewahren.

„Die Mehrheit der Bevölkerung versteht nicht was wirklich geschieht. Und sie versteht noch nicht einmal, dass sie es nicht versteht."Noam Chomsky (Kommunikationswissenschaftler)

Allein die USA haben bis Mitte April 2020 bereits über sechs Billionen US-Dollar gedruckt und ein Ende ist nicht abzusehen.

Fast jeden Tag verkünden die Industrienationen neue Methoden der Kreditbeschaffung, bei denen noch nicht mal Finanzexperten durchblicken. Die große Gefahr dieser astronomischen neuen Menge an Geld – erzeugt per Knopfdruck durch den Computer – ist Hyperinflation. Wer jetzt immer noch glaubt, dass ein kleiner Virus die Ursache für eine finanzielle Krise sein kann, der glaubt sicherlich auch noch an den Weihnachtsmann!

Das globale Geldsystem war schon 2008 kurz vor dem Zusammenbruch, aber man hat nichts daraus gelernt. Der Finanz-Ballon wurde damals nur notdürftig geflickt, und ist seitdem noch mal auf das zwei- bis dreifache weiter aufgeblasen worden.

Können Sie sich noch an das Versprechen der industriellen Revolution erinnern? Es sollte uns von der schweren Last der Arbeit befreien, und damit mehr Freizeit und Lebensqualität ermöglichen. Mit dem enormen technologischen Fortschritt, den wir erreicht haben, sollten wir eigentlich ein Leben in Glückseligkeit, Frieden und Gelassenheit genießen.

Leider dient in unserem derzeitigen Geldsystem ein Großteil der Technologie dem Geld und dem Profit, anstatt dem Menschen. Die Konsequenz ist, dass Nachhaltigkeit und Überfluss in einem ‚Profit-System' niemals entstehen werden, da dies gegen die Grundidee des Systems verstößt.

Daher ist es in einem solchen System auch unmöglich, eine Welt ohne Krieg oder Armut zu haben. Ebenso ist es unmöglich, zu erwarten, dass sich der Mensch ethisch, fair oder liebevoll verhält. Nachhaltigkeit und Überfluss sind die Gegenspieler des Gewinns. Den einzigen Überfluss, den uns das bestehende Konzept der Geldschöpfung beschert, ist Müll.

Wer noch tiefer in die Materie einsteigen möchte, dem empfehle ich mein Buch ‚The Money Deception'[19]. Es wurde für den amerikanischen Markt geschrieben, der Inhalt ist aber im wesentlichen auch auf den europäischen Markt anwendbar.

Zum Abschluss lassen Sie uns noch einen Blick in die ferne Zukunft werfen. ‚Star Trek' Fans wissen es bereits, spätestens im 24. Jahrhundert wird es kein Geld mehr geben.

Schauen Sie sich dazu bitte die kurzen Filmclips auf YouTube an:

- Star Trek: Zukunft ohne Geld (Die neutrale Zone)
- Star Trek TNG - Geld und Macht
- Jean-Luc Picard über die Wirtschaft der Zukunft

Nachwort

Fragen, die Sie sich stellen sollten:

- Weshalb ist Geld immer knapp, wenn man doch beliebig viel davon erzeugen kann?
- Warum akzeptieren wir ein Geldsystem, das uns manipuliert und uns gegeneinander ausspielt?
- Wie kann man ein besseres und gerechteres Geldsystem entwickeln?
- Werden wir irgendwann kein Geldsystem mehr brauchen?

Gratis Hörbuch

Wussten Sie, dass Einsteins wichtigste Entdeckung nicht die Relativitäts-theorie war? Erfahren Sie sein erstaunliches Geheimnis und damit den Schlüssel für Freiheit und Erfüllung in Ihrem Leben. Holen Sie sich jetzt das kostenloses Hörbuch!

Bitte diesen Link kopieren und in Ihrem bevorzugten Browser einfügen:

thomasherold.com/audiobuch-geschenk

Anmerkungen

1 https://de.statista.com/statistik/daten/studie/1046/umfrage/inflationsrate-veraende-rung-des-verbraucherpreisindexes-zum-vorjahr/

2 https://avatarepc.com/

3 https://www.amazon.de/gp/product/349962995X

4 https://www.rechnungswesen-verstehen.de/lexikon/giralgeld.php

5 https://thomasherold.com/meta-ziel-leben/

6 https://www.youtube.com/watch?v=akRw58tExk4

7 https://www.welt.de/finanzen/article13546275/Vor-40-Jahren-begann-die-Aera-des-Gelddruckens.html

8 https://wtfhappenedin1971.com/

9 https://www.bundesbank.de/resource/blob/743994/9b5e5a07c03485582b1ddbb1e2687c74/mL/2018-06-zinsuntergrenze-data.pdf

10 https://www.cbsnews.com/news/the-scandalous-history-of-monopoly/

11 https://www.theguardian.com/lifeandstyle/2015/apr/11/secret-history-monopoly-capitalist-game-leftwing-origins

12 https://www.dienstac.de/adi/spiele/monopoly.pdf

13 https://www.br.de/nachrichten/deutschland-welt/1932-das-wunder-von-woergl-mit-freigeld-gegen-die-misere,ROSOVgO

14 https://de.wikipedia.org/wiki/Hashfunktion

15 https://morethandigital.info/blockchain-moeglichkeiten-und-anwendungen-der-technologie/

16 https://blockgeeks.com/guides/de/was-ist-blockchain-technologie/

17 https://www.mein-grundeinkommen.de/

18 https://www.mein-grundeinkommen.de/

[19] https://www.amazon.de/Money-Deception-What-Banks-Governments/dp/1976890497